Ada Limón ist eine amerikanische Lyrikerin. Sie hat mexikanische Wurzeln und wuchs in Kalifornien auf. Seit 2005 erschienen mehrere Gedichtbände von ihr (bisher nicht ins Deutsche übersetzt), für die sie mehrfach ausgezeichnet wurde, u.a. mit dem Autumn House Poetry Prize, mit dem Pearl Poetry Prize und dem National Book Critics Circle Award for Poetry. Sie war außerdem Finalistin für den National Book Award for Poetry sowie den PEN Jean Stein Book Award. Ihr jüngster Gedichtband *The Hurting Kind* stand auf der Indie Bestseller Hardcover Fiction List. 2022 wurde sie von der Library of Congress als erste Latina zur Poet Laureate of the United States ernannt.

ADA LIMÓN

Meine Bäume

Ein Liebesbrief

Aus dem amerikanischen Englisch
von Henning Ahrens

HOFFMANN UND CAMPE

Die Übersetzung der Verse des Gedichts »Die Zypresse fiel« von Mahmud Darwisch auf Seite 53 stammt von Henning Ahrens.

1. Auflage 2025
Copyright © 2023 by Ada Limón
First published in the US in 2023 by Scribd
Für die deutschsprachige Ausgabe:
Copyright © 2025 Hoffmann und Campe Verlag, Hamburg
www.hoffmann-und-campe.de
Umschlaggestaltung: © wilhelm typo grafisch, zürich
Umschlagabbildung: © MarynaHryb / Evgeniya Sheydt / natrot / Shutterstock.com
Satz: Dörlemann Satz, Lemförde
Gesetzt aus Sabon LT Std
Druck und Bindung: CPI books GmbH, Leck
Printed in Germany
ISBN 978-3-455-01848-6

Die automatisierte Analyse des Werkes, um daraus Informationen insbesondere über Muster, Trends und Korrelationen gemäß § 44b UrhG (»Text und Data Mining«) zu gewinnen, ist untersagt.

Ein Unternehmen der
GANSKE VERLAGSGRUPPE

Kalifornische Weiß-Eiche

Dieser Baum ist zwar nicht der erste, den ich je gesehen habe, aber er ist mit einer meiner frühesten Erinnerungen verknüpft. Eine Kalifornische Weiß-Eiche, an der ein schwarzer Reifen hing – ein echter Gummireifen, der sich im Frühling mit Regenwasser und Würmern füllte. Eine der scheußlichsten Erfindungen der Menschheit hing an einer der schönsten Schöpfungen der Natur. Nachdem ich den hässlichen Reifen ausgeleert hatte, konnte ich immerhin darauf balancieren und beobachten, wie sich alles drehte, über mir die Welt des Laubs, jeder Ast ein Weg zu einem neuen Ökosystem.

Dieser Baum, die Art, wie ich mich zurücklehnen konnte, die Art, auf die ich beobachten konnte, wie er schwankte, während ich mich im Kreis drehte – ich liebte ihn. Mein Bruder drehte mich oft, bis mir schlecht wurde. Schon komisch, im Hinblick auf einen Baum von Übelkeit zu sprechen. Um das Gleichgewicht wiederzufinden, heftete ich meinen Blick auf den Stamm, allmählich gewann die geriefte Rinde an Schärfe, konnte ich spüren, wie meine Beine Wurzeln schlugen, stand wieder stabil.

Wenn ich vom Fliegen träumte, flog ich immer wieder über diese Kalifornische Weiß-Eiche. Träume vom Fliegen mochte ich am liebsten, nicht nur, weil ich flog, sondern weil ich die Bäume deutlicher vor Augen hatte.

Umarm-einen-Baum

Ich war gerade einmal fünf, da wurde das Programm Umarm-einen-Baum ins Leben gerufen. Wenn ich mich nicht irre, sollten wir Bäume umarmen, um uns besser zu fühlen. Ich weiß noch, dass ich dies auf einer Exkursion ins Grüne tat – einen Baum so fest wie möglich in die Arme schloss –, und plötzlich befürchtete, in Tränen ausbrechen zu müssen. Der Baum war so warm und robust. Ich liebte den Baum so sehr, dass es wehtat.

Wie so viele meiner Erinnerungen trügt jedoch auch diese. Das Programm Umarm-einen-Baum war ins Leben gerufen worden, um Kinder zu finden, die sich in der Wildnis verirrt hatten. 1981 wurde ein Neunjähriger namens Jimmy Beveridge auf dem Palomar Mountain vermisst, sechzig Meilen östlich von San Diego. Er verschwand eines Samstags auf einer Wanderung mit seinen zwei Brüdern. Vierhundert Suchkräfte, darunter zweihundert Marines, durchkämmten jeden Winkel des Gebiets, bis man nach vier Tagen endlich auf seinen zusammengekrümmten Körper stieß. Er war an Unterkühlung gestorben.

Mit vollem Namen hieß und heißt das Programm »Umarm einen Baum und überlebe«. Das Kind sollte sich einen Baum suchen und dortbleiben. Der Grundgedanke bestand darin, an einem Fleck zu verharren, um nicht noch tiefer in den Wald zu irren. Das Programm wurde zum Gedenken an Jimmy Beveridge von einem Mann begründet, der der Suchmannschaft angehört hatte und drei Jahrzehnte bei der Border Patrol gewesen war. Er hatte Immigranten aufgespürt, die über die Grenze gekommen waren. Er konnte geknickte Zweige und verrutschte Steine deuten und wusste genau, wie man jemanden aufspürt. Als menschlicher Spürhund war er es gewohnt, seine Beute zu fassen. Jimmy fand er jedoch nicht. Schwer zu sagen, warum mir der »Überlebe«-Teil des Programms entfallen ist. Ebenso die Geschichte des vermissten Jungen. Ich weiß nur noch, dass ein Baum die Rettung sein kann, wenn man in Schwierigkeiten gerät.

Die Mirabelle

Die Mirabelle oder Gelbe Zwetschge erteilte mir meine erste Lektion in Überfluss. Vor allem im französischen Lothringen verbreitet, trägt sie eine süße, gelbe Steinfrucht, und in guten Jahren schien es Tausende dieser Früchte zu geben, jede durch die Sommerhitze so zuckerreich, dass sie wie eine Süßigkeit waren, die am Baum hängt. Ich gab sie Dusty zu fressen, unserem Labrador mit einem Fell von der gleichen Farbe wie die goldenen Zwetschgen, bis uns beiden speiübel war.

Wenn der Baum schwer an Früchten trug, wurde ich unruhig. Schlicht undenkbar, dass wir sie alle äßen. Ich schämte mich, wenn ich vorbeiging und keine pflückte, ein solcher Baum – der sich in seiner ganzen Fülle darbot. Bald nach der Scheidung meiner Eltern, ich sollte in der Küche etwas backen, fabrizierte ich nach eigenem Rezept sogenannte »Mira-Bälle«. Es verblüffte meinen Vater, dass ich die Früchte nicht entsteint hatte. Doch ich liebte den Gedanken, dass jede Mirabelle in ihrem Inneren das Potenzial für einen ganzen Baum voller Früchte barg.

Kleine Bäume

Mein älterer Bruder hat an vielen Orten Bäume gepflanzt. Etwa eine Korkenzieher-Weide im Vorgarten des Anwesens, das meine Mutter früher verwaltet hat, eine vierzig Hektar große Ranch, auf der Polizeipferde aus San Francisco ihr Gnadenbrot bekamen. Ich fand es erstaunlich, wie rasant sie wuchs. In meiner Vorstellung ist mein Bruder von jeher ein Mensch, der sich um Bäume kümmert, allerdings mit einer Ausnahme. Er war ein junger Teenager, als wir kurz nach der Scheidung unserer Eltern und bevor sie jemanden anders heirateten in einer Straße in Santa Rosa auf ein Spalier von Baumsetzlingen stießen. Er riss im Vorbeilaufen die frischen Triebe ab. Ich weiß nicht mehr, was seine Wut ausgelöst hatte. Er war schlicht wütend. Wütend genug, um die Triebe abzureißen und die Stämme damit zu peitschen. Ich erinnere mich, dass ich dachte, jetzt werden sie mit ihren eigenen Trieben gepeitscht, es muss doch etwas zu bedeuten haben, von sich selbst malträtiert zu werden.

Ich sehe auch noch die Miene meiner Stiefmutter in spe vor mir, damals unglaublich jung, etwa sechsundzwanzig. Wir konnten ihn nicht stoppen, er tobte weiter, bis er sich verausgabt hatte. Er wollte Schmerzen zufügen. Und zufälligerweise traf es die Bäume.

Heute sehe ich meinen Bruder als jemanden, der mit Sorgfalt pflanzt, liebevoll mit Tieren umgeht, Sorge trägt, dass im Garten alles gedeiht. Es würde ihm nie einfallen, grob zu sein, er würde keiner Fliege etwas zuleide tun. Geschweige denn einem Baum. Manchmal frage ich mich, welche karmischen Auswirkungen die Jugend hat. Einmal rannten wir einen von Bäumen gesäumten Pfad entlang, den wir »Gasse« nannten, obwohl wir nie eine echte Gasse gesehen hatten, und rissen lange Akazienblüten aus, die wir immerfort gegeneinanderschlugen, ihr Blütenstaub blieb ewig in unseren Haaren hängen.

In seiner Grundschulzeit klemmte er sich in einer Weiß-Eiche ein Bein ein und konnte sich lange, offenbar stundenlang, nicht befreien. Ich war nicht zu Hause. Niemand war zu Hause, wir durften nach der Schule allein zu Hause sein, durften auch unbeaufsichtigt auf Bäume klettern. Er schrie und schrie und weinte, bis er von einem Nachbarn gehört wurde, der ihn aus dem Baum befreite.

Danach glaubte ich lange, er hätte nach diesem Erlebnis einen Groll gegen Bäume. Heute pflanzt er sie jedenfalls. Einen Judasbaum im Garten vor seinem Haus in San Mateo, hinten im Garten einen Trompetenbaum. Es gibt noch eine Hinterlassenschaft der Bäume.

Die Färber-Eiche

Hinter dem Fußballfeld der Grundschule erstreckte sich eine Wiese mit vereinzelten Eichen, und eines Sommers radelte ich mit meiner besten Freundin die zwei Meilen dorthin, wir wollten unsere Initialen in einen der mächtigen Bäume ritzen. Unsere Initialen, und dann BFF, »Best Friends Forever«. Beide hatten wir ein blaues Fahrrad, beide hatten wir Kurzhaarschnitte und waren gerade elf geworden. Sie war eine, die lange schweigend neben mir sitzen konnte. Sie war auch eine, die reden konnte wie ein Wasserfall, wenn es Gesprächsbedarf gab. Wir saßen im Schatten der Bäume, unter denen wir mit gemeinsamen Freundinnen mittags oft etwas gegessen hatten. An heißen kalifornischen Tagen, wenn der Klassenraum zu stickig war, wurden wir manchmal im Schatten dieser Bäume unterrichtet. Genug Schatten für alle. Einmal sah ich eine Grauhäubchenmeise und benannte sie auch so, und danach wurde ich von den Jungs tagelang mit dem Spruch aufgezogen:

Sie hat eine Meise. Verletzend waren sie nicht, noch nicht.

Nachts zerbrach ich mir den Kopf darüber, ob wir den Baum durch das Ritzen verletzt haben könnten. Ich frage mich, ob die Narben, die wir ihm gedankenlos zufügten, noch zu sehen sind, unsere Flagge auf einem Baumstamm, der Freundschaftsschwur zweier Mädchen, die Vogelnamen kannten und dafür getriezt wurden. Vielleicht war es auch ein Schwur zwischen uns beiden und dem Baum. Nun schreibe ich diesem Baum, ich schreibe einen Brief an alle Bäume.

Die Bäume am Highway 12

Ich habe kaum Erinnerungen an das, was sich vor der Trennung meiner Eltern abspielte, aber es lag eine Spannung in der Luft, meine Eltern schwiegen sich an, sie berührten einander nicht mehr an den Händen. Was wir nach der Scheidung taten, weiß ich hingegen genau: Wir fuhren. Ich saß hinten auf der Beifahrerseite, den Kopf an die Scheibe gelehnt, die Welt huschte verwischt an mir vorbei. Jeden Sonntag fuhren wir vom Haus meines Vaters in Glen Ellen auf dem Highway 12 zum Apartment meiner Mutter im Zentrum von Sonoma. Es war eine Fahrt von siebeneinhalb Meilen und etwa sechzehn Minuten, doch unterwegs gab es Bäume. Wir passierten Eichen, blühende Akazien und stattliche Olivenbäume, die prächtige Weingüter säumten, und erreichten schließlich das Stadtzentrum, dessen Plaza sorgsam bepflanzt war. Mitten auf der Plaza ragte eine Kanarische Dattelpalme auf wie die Flagge eines unbekannten Landes.

Nach einem knappen Jahrzehnt im ländlichen Glen Ellen kam uns das Zentrum von Sonoma mit dem Kino, den Eisläden und Bars geradezu großstädtisch vor. Mein Stiefvater, damals noch nicht mehr als ein Freund unserer Mutter, zog zu uns ins Apartment in der East Nappa Street. Beide kellnerten im Marioni's, einem beliebten Restaurant, wo meine Mutter roten Lippenstift auflegen, schwarze High Heels und einen schwarzen Minirock tragen musste. Brady trug eine schwarze Weste und ein weißes Hemd. Anfangs bewohnte er ein Zimmer auf der Vorderseite unseres Apartments. Der sparsam eingerichtete Raum mit der riesigen schwarzen Truhe schien alles zu beherbergen, was er besaß. Wir mochten ihn auf Anhieb. Er war nett, und meine Mom schien oft zu lachen, wenn er da war.

An Sommerabenden war es im Apartment unglaublich heiß, und wir beklagten, weder einen Garten noch eine Klimaanlage zu haben und auch keinen Ort, wo es ein schattiges Plätzchen gab. Daraufhin packten Brady und Mom das Abendessen in den Picknickkorb, nahmen die schwarz-weiße Paisley-Decke und gingen mit uns auf die Plaza. Dort saßen wir unter dem Gingko oder dem Trompetenbaum und kühlten ab, bis das Essen schmeckte. Brady erklärte, ein öffentlicher Park sei ebenso schön wie ein eigener Garten. Wir lehnten uns zurück und sahen zum Laub auf, er zeigte uns die unterschiedlichen Formen der Blätter, und am Ende stimmten wir zu – der Park war genauso schön wie ein Garten.

Was das Haus meines Vaters angeht, das Haus, in dem wir die ersten Jahre unseres Lebens verbracht hatten, so zog Cynthia mit einem Aquarium voll knalliger Salmler und Guramis sowie Dinah ein, einer übellaunigen, grauen Katze mit Pfannkuchengesicht. Cynthia war sechsundzwanzig, trug khakifarbene Shorts und rauchte. Mit ihr taten wir uns anfangs schwerer. Sie hatte strikte Regeln, verlangte Sauberkeit und Ordnung. Wir hatten häusliche Pflichten und lernten, selbst zu kochen, den Garten zu jäten und acht Mal über ein und dieselbe Stelle zu saugen, bis sie tatsächlich sauber war. Andererseits lachte auch sie gern und backte mehrschichtige, komplizierte Torten mit selbst kandierten Haselnüssen. Eine solche Torte kostete sie einen vollen Tag.

Einmal brach das Pferd des Nachbarn aus, und Cynthia rannte im Nachthemd nach draußen, packte das Pferd mit sicherem, ruhigem Griff und führte es wieder in den Stall, als wäre das ihre leichteste Übung.

Und beim Erdbeben von 1989, als das ganze Haus bebte, als das ganze Tal bebte, holte sie mich unten aus dem Zimmer, in dem ich mich aufhielt, und wir gingen zur Einfahrt. Sie wies auf den Horizont und zeigte mir aufgeregt, wie sich die Erde bewegte. Sie sagte, man könne ein Erdbeben reiten, sich im Einklang damit bewegen. Sie war intelligent und wissbegierig. Ich hatte furchtbare Angst. Sie hatte nie Angst. Und das fand ich toll.

Bei den sonntäglichen Pendeleien zwischen unseren zwei Familien kamen wir stets an einer Eiche vorbei, die bei einem Sturm umgestürzt war. Die Eigentümer hatten sich nicht die Mühe gemacht, sie zu zersägen oder wegzuschleppen, sondern eine Sitzfläche in den Stamm geschnitzt. Dieser Baum, der keineswegs tot oder zerstört, sondern wie ein Hort der Geborgenheit zwischen zwei Orten wirkte, war meine Lieblingsstelle auf der Fahrt.

Der Echte Lorbeer

Im Mythos von Daphne und Apollo, wie ihn der römische Dichter Ovid erzählt, wird die junge Frau von ihrem Vater, dem Flussgott, in einen Baum verwandelt. Diese Version des Mythos habe ich nie gemocht. Mythen kreisen zu oft um eine Vergewaltigung. Daphne ergreift die Flucht, um einer solchen zu entgehen, und wird am Ende auf ihr Flehen hin in einen Baum verwandelt. Am meisten stört mich, dass sie als Baum nicht mehr fliehen kann, dass sich Apollo gegen ihre Rinde pressen könnte. Deshalb missfällt mir Ovid. Ich bevorzuge die Version, in der sie von Gaia, ihrer Mutter, beschützt wird, die sie heimlich auf eine andere Insel schafft und Apollo mit einem Lorbeerbaum abspeist.

Der Ort, an dem ich aufwuchs, heißt Valley of the Moon, ob man es glaubt oder nicht. Dort wächst der Echte Lorbeer dicht an dicht auf den Hängen, und sein Duft, prickelnd und göttlich, der Duft des Frühlings, zählt zu meinen Lieblingsgerüchen. Ich stelle mir einen Baum lieber als Schutz vor denn als Falle. Der Echte Lorbeer ist diözisch, treibt also sowohl männliche als auch weibliche Blüten. Er ist daher auch sinnlich und triebhaft. Als ich für einige Monate ins Valley of the Moon zurückkehrte, hatte ich nur den Duft des Echten Lorbeers in der Nase, und er rührte mich zu Tränen. Ich hatte zehn Jahre in New York gelebt, Cynthia war verstorben, ich hatte meinen Job gekündigt und mich verliebt, und am Ende fuhr ich in meiner Schrottkarre auf den Hügel, wo ich wohnen sollte, und der Duft hätte mich fast umgeworfen. Dies war absolut nicht Ovid, dies war Gaia.

Ein Zen-Mönch namens Haemin Sunim sagte einmal, wenn man Dinge bewusst wahrnehme, denke man nicht. Betrachtet man also einen Baum und beginnt ihn genauer wahrzunehmen, die Rinde, das System des Laubs und der Zweige, seinen Geruch, dann kann einen dies innerlich zur Ruhe bringen. Wenn ich ein dringendes Bedürfnis nach Stille habe, suche ich Bäume auf. Man wird, wie Sunim sich ausdrückt, eines wissenden Dinges gewahr. Ich nehme an, dieses wissende Ding ist der Teil meiner selbst, der sich meines Geistes bewusst ist. Andererseits könnte genauso gut der Baum als das wissende Ding gelten, finde ich.

Der Manzanita

Die Rinde eines Manzanita fühlt sich an wie Haut, dunkel und glatt, und zu Frühlingsbeginn steht er in weißer Blüte. Jener im Garten des Hauses in Glen Ellen, gegenüber des Calabazas Creek, fühlte sich so weich an, dass man erschauderte. Als würde man jemanden auf zu intime Art berühren. Außerdem war er stabil. Man konnte sich an einen Ast hängen, und da er nicht besonders hoch war, konnte man sich fallen lassen. Ich fiel ständig von diesem Baum. Sich an die Haut eines anderen zu klammern ist immer schwierig.

Wenn ich an diesen Baum denke, lässt sich das Wort *sinnlich* nicht vermeiden. Er löste dieses Gefühl zum ersten Mal in mir aus. Also erkletterte ich ihn und fiel, erkletterte ihn und fiel, ohne etwas dazuzulernen. Im Jahr meines einundvierzigsten Geburtstags träumte ich, mit einem Manzanita Sex zu haben. Ich kann mich bis heute lebhaft daran erinnern. Damals wohnte ich während des Semesters in New York und lehrte, konnte mich aufgrund einer schweren Neuritis vestibularis aber kaum bewegen; in dieser Zeit des Stillstands erblühte mein Traumleben. An jenem Morgen erwachte ich im Gefühl der Peinlichkeit. Ich habe dies bislang für mich behalten. So was kann man einfach nicht erklären.

Die Baumschule

Während meine Stiefmutter Cynthia zu Hause im Sterben lag, wohnte ich bei ihr, meinem Vater und meinem jüngeren Bruder. Ich versuchte, beim Sterbeprozess behilflich zu sein, soweit man beim Sterben »behilflich« sein kann. Tatsächlich kocht man mehr schlecht als recht Essen und heult sich im Badezimmer aus. Gelegentlich kam eine Krankenschwester aus dem Hospiz vorbei, um uns zu zeigen, wie wir Cynthia Erleichterung verschaffen konnten, in erster Linie war das Ganze aber Zeugenschaft und Warten: Ich musste miterleben, wie ein geliebter Mensch Schritt für Schritt verschwand.

Neben dem Haus in Stanwood, Washington, erstreckte sich das bewaldete Areal der Pilchuck Tree Farm, eine Wildnis aus Douglasien, Hemlocktannen und Sitka-Fichten. Wenn jemand bei Cynthia war, schweifte ich unter dem über siebzig Meter hohen grünen Nadeldach umher. Einmal trug ich Ohrringe, die ich von ihr bekommen hatte, und schaffte es idiotischerweise, auf den Pfaden einen zu verlieren. Vor meiner Heimkehr nahm ich den zweiten ab, damit ihr nicht auffiel, dass ich das Pendant verloren hatte. Sie starb im späteren Verlauf der Woche, und ich weinte hemmungslos, während ich im Wald den Ohrring suchte. Ich habe ihn nie wiedergefunden.

Schreibt man immer wieder über denselben Todesfall, dann wird man irgendwann von den Menschen gemieden. Deshalb muss man ihnen weismachen, man schreibe über Bäume.

Das letzte Gefecht

Bäume können Dinge verbergen, das gefällt mir. Unter ihnen erstreckt sich ein ganzes Universum, dazwischen wimmelt es von allem, was im Schatten lebt. In der Nähe des Hauses in Stanwood, wo meine Stiefmutter starb, gab es ein dichtes Gehölz; dieses gehörte nicht zur Baumschule am Hang, sondern war schlicht ein Gehölz am Ende der Straße. Mitten zwischen den Bäumen stand das von Kugeln durchsiebte Wrack eines Fords aus den 1940ern. Es stand dort seit Jahrzehnten. Mein Vater, meine Brüder und ich stellten uns gern vor, es wäre ein Fluchtwagen, den Gangster im Gehölz versteckt hatten, um sich danach aus dem Staub zu machen. Zu einer Zeit, als man von Ganoven und Halunken sprach, von göttlichen Beinen und Gangsterbräuten. Wenn wir zu Besuch waren, schauten wir jedes Mal nach dem Auto, und jedes Mal beeindruckte mich der fortschreitende Verfall. Darf man sagen, von Verfall beeindruckt zu sein?

Gut zwanzig Jahre, nachdem wir es entdeckt hatten, nahmen wir meinen jungen Neffen dorthin mit. Cynthia war seit zwei Wochen tot. Mein Neffe, damals zwei, sagte: »Das Auto ist traurig.« Eingedenk des Todes von Cynthia und angesichts des Fords, der sich in den Humus zwischen den Bäumen auflöste, schwiegen wir. Vielleicht war das Auto traurig, vielleicht war es froh, sich am Fuß der Bäume zersetzen zu können, aus einem starren in einen flexiblen Zustand überzugehen und zu verschwinden. Das war gar nicht so schlecht, wie ich fand.

Als ich die Zypressen San Franciscos im Internet recherchierte, entdeckte ich Fotos in dem Blog einer Frau. Schöne Aufnahmen, darunter solche von Baumtunneln, die man durchwandern kann. Die größte Freude bereitet mir aber der Kommentar, den jemand hinzugefügt hat: „Wenn man die Zypresse mag, dann erst recht die Douglasie."

Die Zypresse

Ich saß lange vor dem Veterans Hospital in San Francisco und wartete auf Brady. Stunden verstrichen, vielleicht der ganze Tag. Von der Bucht wehte ein starker Wind. Man konnte das tiefblaue Wasser der South Bay sehen, die Seal Rocks, die gischtweißen, vom Meereswind gepeitschten Wellenkämme. Atemberaubend. Das VA Hospital befindet sich am wohl schönsten Abschnitt der Küste bei Lands End. In den siebziger Jahren des achtzehnten Jahrhunderts gab man einlaufenden Schiffen von einer hiesigen Station aus Winkersignale, im neunzehnten Jahrhundert gab es hier einen Kriegshafen, für ein Krankenhaus scheint dieses Land aber viel zu kostbar zu sein.

Während ich wartete, starrte ich aufs Wasser. Was mich zu guter Letzt stärker an Land zog, waren die Monterey-Zypressen, die beinahe prähistorisch anmuteten, der Wind hatte sie zu Gebilden geformt, so fremdartig, dass sie nicht von dieser Welt zu sein schienen. Eine Zypresse kann eine Höhe von bis zu fünfundvierzig Metern erreichen und laut gewisser Legenden tausend, ja zweitausend Jahre alt werden, der amtliche Rekord scheint jedoch bei knapp unter dreihundert zu liegen. An dieser Stelle sei ihr lateinischer Name vermerkt, *Hesperocyparis macrocarpa,* zu Ehren Bradys, meines Stiefvaters, der die lateinische Bezeichnung eines jeden Baums kennt. Nach dem Krieg studierte er Botanik am Santa Rosa Junior College. Er wollte sich den Bäumen widmen. Eine schöne Vorstellung, dass Zypressen tausend oder gar zweitausend Jahre alt werden können. Ich wünschte, alles würde so lange leben.

Wohltaten der Bäume

2012 las ich im *Scientific American* einen Artikel mit dem Titel »Wie Krankenhausgärten den Genesungsprozess von Patienten fördern«. Darin hieß es: »Schon die drei- bis fünfminütige Betrachtung einer von Bäumen, Blumen oder Wasser beherrschten Szenerie kann Zorn, Angst und Schmerz lindern und entspannend wirken, wie mehrere an gesunden Personen durchgeführte Studien beweisen, in deren Rahmen physiologische Schwankungen des Blutdrucks, die Muskelanspannung oder die Aktivität von Herz und Gehirn gemessen wurden.«

2007 begann ich zu meditieren, weil ich nach einem Routine-Termin beim Gynäkologen mit schlaganfallverdächtig hohem Blutdruck in die Notaufnahme geschafft worden war. Wie sich herausstellte, kann mein Blutdruck stark schwanken. Die Ärzte gelangten nach gründlichen Untersuchungen zu dem Schluss, bei mir sei dies überwiegend genetisch bedingt. Meditieren kann dennoch hilfreich sein. Inzwischen meditiere ich seit vierzehn Jahren, auch im Freien, und wenn ich es in der Nähe von Bäumen tue, scheinen sie, wenn ich die Augen öffne, näher an mich herangerückt zu sein.

Bevor ich auch nur irgendeine Meditationstechnik kannte, erzählte mir Brady, man könne meditieren, indem man Bäume betrachte. Ich bin mir sicher, dass er diese Meditation nicht als »Baumbetrachtung« bezeichnete, doch im Stillen nannte ich sie trotzdem so. Ich lernte zu meditieren, aber wenn ich mich mit einer vorgegebenen Technik schwertat, versuchte ich, Bäume zu betrachten. Ich stellte mir vor, mein Blutdruck würde sinken und meine Herzfrequenz würde sich einpendeln, und ich sagte im Stillen zu meinem Stiefvater: »Siehst du, ich betrachte Bäume.«

Kirschbäume

Im ersten Jahr an der University of Washington, Seattle, spielte ich mit dem Gedanken, Forstwirtschaft zu studieren. Ich hielt es für ein Studium der Bäume. Während des Einführungsseminars begriff ich, dass es um Forst-Management und, in diesem Rahmen, schwerpunktmäßig um nachhaltiges Wirtschaften ging, nicht um das, was mir vorgeschwebt hatte, nämlich Bäume zu betrachten und zu studieren. Damals ahnte ich nicht, dass ich Arboristin hätte werden müssen.

Im Zentrum des Karrees der geisteswissenschaftlichen Fakultät stehen etwa dreißig Yoshino-Kirschen. Als Pionierpflanzen haben sie keine lange Lebensdauer. Die Bäume wurden 1939 im Arboretum gepflanzt und 1962 umgesetzt. Wenn alle gleichzeitig blühen, kommt man sich vor wie in einer anderen Welt, als wäre der Planet ein einziges Blütenmeer. Während meines Junior- oder Senior-Jahrs setzte ich mich gern bekifft unter die Kirschbäume, und wenn ich mich stark konzentrierte, hatte ich den Eindruck, dass die zu Boden segelnden Blüten gezielt auf mich fielen. Sie schwebten hinab, eine unerhörte Freigiebigkeit, wie mir schien, geradezu unverdient sanft. Nun stirbt einer nach dem anderen. Es liegt in unserer Natur zu sterben. Das gilt sogar für Bäume.

Obstbäume

Im Ruhestand hat sich mein Vater in einen Obstbauer verwandelt, der Äpfel und Birnen erntet. Das klingt wie der Auftakt eines Films im Hallmark Channel, ein Scherz, über den wir oft gemeinsam gelacht haben. Tatsächlich lebt er mit seiner dritten Frau, Linda, in den Hügeln des San Diego County, genauer in einer Kleinstadt, die für ihren Apfelkuchen berühmt ist. Auf ihrem Anwesen gibt es hundertdreißig Bäume, von denen viele kaum noch etwas trugen und zunächst zur alten Kraft und Fülle zurückgeführt werden mussten. Inzwischen ist es ein biologisch bewirtschafteter Obstgarten mit Apfel- und Birnenbäumen. Als ich zu Besuch komme, schauen wir uns als erstes die Apfel- und Birnbäume an.

Mein Vater legt seine Hand auf den Stamm oder Ast eines Baums und beginnt mit den Worten: »Also, dieses alte Mädchen hier …«, und so fort. Ich finde es großartig, wie er diese Bäume in sein Herz geschlossen hat und sie ermutigt, wieder zu blühen und Früchte zu tragen. In seiner dritten Ehe hat er sich gemeinsam mit seiner Frau etwas aufgebaut, das sich um die Hege und Pflege von Bäumen dreht. Im Frühling, wenn Apfel- und Birnenbäume und Flieder blühen, lärmen die Bienen wie Zikaden; alles ist lebendig.

Einmal sagte ich zu ihm, ein Teil seines Vermächtnisses seien Bäume, und er nickte. Im Laufe seines Lebens hat er viele Bäume gesetzt. Vor Cynthias Tod bepflanzte er den Rand des Anwesens in Stanwood mit Bäumen, die wir ebenfalls abzulaufen pflegten. Bei diesen Gelegenheiten sprachen wir ausnahmsweise nicht über Cynthias Erkrankung, sondern konnten uns nach seinem Befinden erkundigen. Auf dem Grundstück wuchs ein Ahorn mit Blättern, groß wie mein Kopf. Im Jahr, als Cynthia starb, verdeckte ich meinen Kopf mit einem dieser Blätter und machte ein Foto. Dieses spiegelte wider, was ich empfand, mein Kopf schien sich in ein Blatt verwandelt zu haben, mein restlicher Körper konnte also jederzeit weggeweht werden.

Sein jetziger Obstgarten befindet sich im Nordwesten, wo ein anderes Klima herrscht. Gemeinsam mit seiner großherzigen Liebsten erntet er das Obst und verkauft es an Cider-Produzenten und kleine Lebensmittelläden.

Als der Vater meines Vaters damals aus Mexiko über die Grenze kam, lebte er in einem Hühnerstall und verscheuchte Insekten durch Rauch von den Orangenbäumen. Heute besitzt mein Vater hundertdreißig Bäume. Vielleicht sind diese nicht unser alleiniges Vermächtnis, doch sie sind ein Vermächtnis. Ein Vermächtnis von Bäumen.

Die Mutter meiner Mutter hatte während ihrer HighSchool-Zeit den Job, Pfirsiche zu verpacken. Damals lebte sie in der Nähe des jetzigen Wohnorts meines Vaters, wenn auch etwas weiter nördlich, tiefer im Binnenland. Sie kann bis heute jedem Pfirsich je nach Größe eine Ziffer zuordnen und sagen, in welche Kiste er gehört. Meine direkten Vorfahren waren alle Obstbauern. Deshalb kann ich ihren Stolz auf die kleinen Zitronen- oder Orangenbäume in ihren Gärten nachvollziehen. Einen Baum und seine Früchte sein eigen nennen zu können, ist etwas sehr Besonderes.

Mein Stiefvater Brady, aufgewachsen in den Sozialsiedlungen von Rhode Island, hätte nie gedacht, einmal Hausbesitzer zu sein. Sein erstes Haus kaufte er gemeinsam mit meiner Mutter 2016, in dem Jahr also, als auch mein Mann und ich ein Haus erwarben. Der Orangenbaum vor dem Haus ist sein ganzer Stolz und seine große Freude. Brady hat die Äste mit Bungeeseilen festgezurrt, damit sie nicht brechen, wenn sie zu schwer von Früchten sind. Kürzlich saß ich auf seiner Veranda, als eine Orange auf die Steine des Patios fiel. »Daran erkennt man, dass sie reif sind«, sagte Brady, und wir lachten. Wir aßen die Orange aber auch.

Als meine Freundin Julie zu Beginn der Zweitausenderjahre meine Großeltern mütterlicherseits, Jack und Allamay, kennenlernte, wurde sie von diesen von Baum zu Baum geführt. Der Garten war klein; trotzdem gediehen dort alle Köstlichkeiten Südkaliforniens. Mein Großvater pflückte eine Feige für Julie. Sie hatte noch nie eine gegessen. Mein Großvater, ein großer Mann, pflückte drei Feigen von einem hohen Ast, eine für sich selbst, die anderen für uns beide. Er zeigte ihr, wie man sie mit Schale aß und währenddessen auf Bienen achtgab. Damals war er in seinen Achtzigern, sie in ihren Zwanzigern, aber später am Abend sagte sie: »Das war unfassbar sinnlich.« Mir war das unangenehm, doch ich ahnte, was sie meinte – das Pflücken von Früchten, das Überreichen, das gemeinsame Essen. Irgendwie absurd, dass eine solche Banalität so genussvoll und intim sein kann, und doch … es ist so.

Die Zahl der Bäume

Bevor ich Brooklyn endgültig verließ, lud ich meine Freundin auf ein paar Drinks an meinem kleinen grünen Küchentisch ein, der mir heute in meinem Büro in Kentucky als Schreibtisch dient. Ich versuchte zu erklären, wie ich mich fühlte. Der Mann, mit dem ich über ein Jahr zusammen gewesen war, hatte mich unmittelbar nach meinem dreißigsten Geburtstag verlassen, und obwohl wir nie wirklich miteinander harmoniert hatten, erholte ich mich nur schwer von dem Verlust. Dieser hatte Auswirkungen, unsere Zukunftspläne waren zu Bruch gegangen wie eine aus einem Autofenster auf den Bürgersteig geworfene Bierflasche.

Bevor er mich verließ, hatte dieser Mann mir meine Lieblingskette im Nacken geschlossen. Ich hatte meine Haare hochgesteckt, mein Hals war nackt und bloß. Es war Frühling, durch die offenen Fenster hörten wir die Autos auf dem Brooklyn-Queens-

Expressway hupen. Die Kette hatte ein »A« eingraviert, vermutlich für Ada. Als er sie schloss, sprach er mich mit April an. Er hatte eine Freundin namens April, eine schmale Blondine, die Baseball mochte, und obwohl ich ahnte, dass es ein vielsagender Versprecher war, ging ich darüber hinweg. Damals fiel es mir wesentlich leichter, über Dinge hinwegzugehen. Einige Monate, nachdem er sich von mir getrennt hatte, sah ich ihn auf einem Open-Air-Konzert am East River mit April Händchen halten. Zeichen bleiben Zeichen. »A« stand offenbar für Arschloch.

Ich wollte schlicht alles hinter mir lassen, wie ich meiner Freundin zu erklären versuchte. Ohne etwas mitzunehmen, ganz gleich was, und seien es Manuskripte, ohne Kisten zu packen oder die Kleider zu sichten, die sich in meinem aus allen Nähten platzenden Schrank angehäuft hatten. Ich wollte gehen und alles hinter mir lassen. Sie sah mich lange an und sagte dann tonlos: »So reden Leute, die sich umbringen wollen.« Mit Selbstmord hatte all das nichts zu tun; ich wollte New York abhaken. Ich wollte weniger Gebäude und mehr Bäume.

Menschen, die ihr Leben Knall auf Fall aufgeben, die Geschichten scheinbar normaler Leute, die mit allem brechen und in die Wälder gehen, faszinieren mich bis heute. Zum Beispiel Marylin Jesmain, die das Neun-Zimmer-Haus ihrer Familie im Mittleren Westen verließ, um im nördlichen Alaska ein kleines Haus ohne fließend Wasser zu bewohnen. In einem Artikel der *Los Angeles Times* aus dem Jahr 1995 heißt es: »Jesmain, heute in ihren Sechzigern, erzählt, sie habe erst spät im Leben erkannt, dass sie lesbisch ist, was in ihrem früheren Umfeld ihre soziale Ausgrenzung bedeutet hätte. Also ging sie nach Alaska, setzte dort ihr Studium fort und machte ihren Master.« Weiter heißt es in dem Artikel: »Da sie knapp bei Kasse war, musste sie lernen, alles selbst zu erledigen, auch die Reparatur ihres defekten Autos. ›Ich habe das Gefühl, am Anfang zu stehen‹, sagt sie. »Mein Leben liegt noch vor mir.‹«

Auch ich wollte mein ganzes Leben vor mir haben. Einschließlich gewisser Bestandteile des früheren Lebens. Ich hatte viel Vertrauen in Menschen gesetzt. In die falschen Menschen. Damals wurde auf NPR berichtet, Satellitenfotos hätten gezeigt, dass es auf der Erde rund vierhundert Milliarden Bäume gebe, also einundsechzig Bäume pro Person. Diese von der NASA stammende Nachricht schien alle zu begeistern, ich dagegen fand die Zahl nicht einmal annähernd hoch genug. Ich weiß noch, dass ich das dringende Bedürfnis hatte, mehr Zeit mit Bäumen zu verbringen, zumal mir nur einundsechzig zur Verfügung standen.

In diesem Jahr wurde in *Nature* eine Studie mit dem Titel »Kartographierung der globalen Baumdichte« publiziert, die die frühere Studie widerlegt. Der globale Baumbestand wird nun auf 3,04 Billionen geschätzt, also vierhundertzweiundzwanzig pro Person, beruhigend, wie ich finde. Mir ist es lieber, wenn die Zahl der Bäume jene der Menschen um ein Vielfaches übertrifft. Beunruhigend ist dagegen, dass es vor dem Erscheinen des Menschen geschätzt sechs Billionen Bäume gab und dass pro Jahr etwa zehn Milliarden Bäume durch Abholzung, Landwirtschaft, Stadtentwicklung und Infrastruktur verloren gehen.

Ein guter Grund, Bäume zu pflanzen, scheint mir. Auch ein guter Grund, sie bewusst wahrzunehmen und genauso zu würdigen wie die Menschen in unserem Leben.

Die Coulter-Kiefer

Meine ernsthafte Beschäftigung mit der Bestimmung von Bäumen setzte in etwa zur gleichen Zeit ein, als ich eine Besessenheit mit dem Thema Erinnerung entwickelte, anders gesagt mit der Frage, was es bedeutet, etwas so lange im Gedächtnis zu behalten, bis man meint, die betreffende Erinnerung wäre uralt. Das war im Winter, wenn Bäume besonders schwer zu unterscheiden sind, wenn die Elemente die glatte oder raue Rinde splitternackt zurückgelassen haben, wenn es weder Blattknospen noch Samenkapseln gibt, die Hinweise geben. Meine Freundin schenkte mir ein schmales Buch mit dem Titel *Wie man im Winter Bäume bestimmt*. Es erwies sich als nützlich und frustrierend zugleich.

Am schwersten fällt mir die Bestimmung von Bäumen mit Nadeln. Und Zapfen. Ich fasse sie unter den Bezeichnungen Koniferen, also Zapfenträger, oder Immergrün zusammen, weil ihre Nadeln zu jeder

Jahreszeit grün sind. Ich mag sie sehr, finde es aber schwierig, sie zu bestimmen. Sie genauer voneinander zu unterscheiden ist eines meiner neuen Projekte.

Der Baum, der mir am vertrautesten ist, weil ich ihn in gewisser Weise als furchteinflößend empfinde – als fast überwältigend in seiner Fremdartigkeit und seinen Ausmaßen –, ist die Coulter-Kiefer. Diese Bäume finden sich sowohl auf dem Grundstück meines Vaters und seiner Frau im San Diego County, in der Nähe des Lake Cuyamaca, als auch in dessen Umgebung, und als ich die Kiefernzapfen zum ersten Mal auf der Straße liegen sah, verschlug es mir förmlich den Atem. Sie sind sowohl im mexikanischen Baja California als auch in den trockenen, zerklüfteten Bergen Südkaliforniens heimisch. Streng genommen also in Mexiko und jenem Gebiet, das früher zu Mexiko gehörte. Die Zapfen können mehr als dreißig Zentimeter lang und bis zu elf Pfund schwer sein. Laut der California Native Plant Society werden sie von Einheimischen »Witwenmacher« genannt, und ich nehme an, sie können tatsächlich ernsthafte Schäden anrichten, wenn sie aus größer Höhe fallen.

Ich bin bekannt dafür, nicht nur Steine und Muscheln am Meer oder in Flussbetten zu sammeln, sondern auch Kiefernzapfen. Der Zapfen einer Coulter-Kiefer fehlt noch in meiner Sammlung in Kentucky, unter anderem, weil ich nicht genau weiß, wie ich ihn in meinem Gepäck verstauen sollte.

Eine kurze Recherche im Internet verweist mich auf eine Website über die »Sieben besten Kiefernzapfen«. Der Zapfen der Coulter-Kiefer steht auf Platz sieben, ein weiterer Grund, dem Internet zu misstrauen.

Die »Fakten über Kiefernzapfen« hingegen enttäuschen mich nicht. Bei kalter Witterung schrumpfen und verdichten sich die Zapfen zum Schutz der Samen, bei warmer Witterung dehnen sie sich aus und wachsen. Bei mir ist es ähnlich, ich schrumpfe und dehne mich, um zu beschützen, was ich in mir trage. Es kann zehn Jahre dauern, bis sich ein Kiefernzapfen vom Baum löst, und auch das passt, es dauert lange, bis ich etwas loslasse.

Vor kurzem, es war ungewöhnlich heiß für die Jahreszeit, saß ich auf der Terrasse meines Vaters und betrachtete die Cuyacama Mountains. Die Coulter-Kiefern, erzählte er, würden so rasant wachsen, dass er seinen Augen kaum traue. Aufgrund der Pandemie war es unser erstes Wiedersehen nach achtzehn Monaten, und beide fühlten wir uns gealtert. Aber trotzdem, er zeigte auf seine Bäume und sprach davon, sie vor »dem Käfer« zu retten, die Kurzbezeichnung für diverse Borkenkäfer, die in der Region alle Bäume zerstören, ob Eichen oder Kiefern. Der Käfer bohrt sich in den Baumstamm und lässt den Baum von innen absterben. Sind die Bäume obendrein durch Dürre oder die Konkurrenz um Wasser geschwächt, dann steht es noch schlimmer.

Der Gelbgepunktete Eichenprachtkäfer wird in der Region, in der mein Vater lebt, für das Absterben von hunderttausend Eichen verantwortlich gemacht. Von Bäumen zu reden, vor allem über solche in dieser Region, bedeutet also, über das Sterben der Bäume zu reden. Man kann seine Bäume von Experten untersuchen lassen, finden sie D-förmige Löcher im Stamm, dann haben sich die Käfer darin festgesetzt. Und sobald sie sich festgesetzt haben? Ist der Baum zum Tode verurteilt. Er ist rettungslos verloren.

Die Coulter-Kiefer kann pro Jahr zwischen sechzig und neunzig Zentimeter wachsen und über vierundzwanzig Meter hoch werden. Sie kann bis zu hundert Jahre alt werden, vorausgesetzt, sie geht nicht an

Bränden oder Käfern zugrunde oder wird gefällt. Nur hundert Jahre. Ich finde, dieser Baum müsste weit älter werden.

Über Bäume zu reden, bedeutet also auch, darüber zu reden, was uns mit ihnen verbindet. Über unseren Wunsch, sie mögen gesund bleiben. Über Bäume zu reden bedeutet somit, über uns zu reden, über das, was uns mit allem Lebendigen verbindet, und auch über unseren Wunsch, das Leben solle möglichst lange währen. Es geht nicht allein um Bäume, sondern auch um das, was uns verbindet, die Bäume, die Wurzeln, der unsterbliche Anteil unserer Person, der sowohl Same ist als auch Baum.

Furcht vor Bäumen

Mit fünfundzwanzig erhielt ich ein Stipendium und ging nach Provincetown, Cape Cod. In New York, zwei Jahre mein Zuhause, waren die Zwillingstürme eingestürzt, und zwei Wochen danach wurde ich von meiner besten Freundin Trish in einem Auto, das wir mit der Kreditkarte einer anderen Freundin gemietet hatten (damals hatten wir beide noch keine Kreditkarten), nach Provincetown gebracht, eine sechsstündige Fahrt. Der Stadt zu entkommen fühlte sich sowohl richtig als auch falsch an. Es war der falsche Zeitpunkt, um zu gehen, der falsche Zeitpunkt, geliebte Menschen zurückzulassen. Trotzdem wurde ich von Trish vor dem zweistöckigen Gebäude des Fine Arts Work Center abgesetzt, in dem sich mein Apartment befand, jenem Ort, an dem ich sieben Monate wohnen und arbeiten sollte.

Tatsächlich wanderte ich die meiste Zeit. Ich wanderte, weil ich immer wieder Panikattacken hatte, die mich regelrecht auslaugten. Ich musste unaufhörlich an New York denken – an die Türme, die Flugzeuge, die Menschen, den Weg um Ground Zero, den Geruch, den Staub. Also zog ich meine Schuhe an und brach auf. An den meisten Tagen legte ich vormittags zehn Meilen zurück. Ich brach in 24 Pearl Street auf, folgte der Commercial Street und ging über den Hafendamm, den ganzen weiten Weg bis zur Long Point Light Station, wo ich manchmal erschöpft genug war, um mich hinsetzen und schreiben zu können. Oder zu weinen. Oder beides.

Trotz meiner Angst fürchtete ich mich nie vor der Einsamkeit dort draußen. Manchmal begegnete ich Menschen, manchmal sah ich Boote mit Leuten, die sich den Leuchtturm anschauen wollten. Meist beobachtete ich Regenpfeifer, Strandläufer, Kormorane und Eiderenten und bemühte mich, still zu sein. Wenn ich versuchte, anderen meine Panikattacken zu erklären, löste das oft eine weitere aus. Wenn ich schilderte, wie tief meine Angst saß, wie sie den ganzen Körper erfasste, schnürte es mir die Kehle zu.

Wie fast alle Bewältigungsstrategien half Alkohol zunächst, verschlimmerte dann aber alles, weil ich aufgrund meiner Angst zu viel trank und anschließend mit verdoppelter Angst und obendrein mit einem fürchterlichen Kater erwachte. Unnötig zu sagen, dass es der falsche Zeitpunkt war, New York den Rücken zu kehren, aber es wäre wohl auch an jedem anderen Ort der falsche Zeitpunkt gewesen.

Ich versuchte, den Bäumen ringsumher Beachtung zu schenken, den Pech-Kiefern, den Birken, den Buchen, die dicht an dicht wuchsen und wie eine stetig vorrückende Armee wirkten. An guten Tagen hatte ich das Gefühl, diese Armee würde mich beschützen. An schlechten Tagen schien sie anzurücken, um mich zu töten.

Eines besonders schlechten Tages verlief ich mich gleich hinter den Dünen im Buchenwald. Nachdem ich irgendwie vom befestigten Weg nach Race Point abgekommen war, fand ich nicht mehr aus dem Wald. Es war ein sonniger Novembertag, und ich weiß noch, dass ich mich hinsetzte und schluchzte. Ringsumher sah alles gleich aus. Sand und Bäume, Sand und Bäume. Schließlich holte ich ein paarmal tief Luft und horchte auf die Straße. Ich hörte fernen Verkehrslärm, und obwohl er im allgegenwärtigen Meeresrauschen kaum wahrnehmbar war, ging ich darauf zu, fand die Straße und folgte ihr drei Meilen.

Jahre später erzählte mir Brady, 1969 sei eine Freundin in den Wäldern von Cape Cod ermordet worden: Zwei junge Freundinnen, denen der Sinn nach Abenteuern stand, ein Date mit zwei Typen führte sie nach Truro. Die Details sind grauenvoll, ich verzichte an dieser Stelle darauf. Gesagt sei nur, dass der Mann, dem sie begegneten, insgesamt acht Frauen ermordete. Ihnen das Herz herausschnitt. True Crime ist gerade sehr angesagt, ich weiß, aber ich finde es falsch, grausame Taten zu verklären. Oder Kriminelle.

Ich halte dies nur fest, weil es mich an meinen lieben Stiefvater erinnert, der wusste, dass ich dorthin fahren und ohne Begleitung lange Strecken wandern würde, und der mir das Schicksal seiner Freundin und kurzzeitigen Partnerin, um die er sich damals berechtigte Sorgen gemacht hatte, zunächst verschwieg, um meine Panikattacken nicht zu verschlimmern. »Pass auf dich auf«, sagte er nur. »Pass auf dich auf und sieh zu, dass dir nichts passiert.« Schwer zu sagen, ob ich diesen Rat beherzigte. Vielleicht hatte ich schlicht Glück.

Ich spreche ungern über die schlimmen Ereignisse, die sich unter Bäumen zutragen. Ich habe das Gefühl, es könnte die Bäume schmerzen, und das hätten sie nicht verdient. Ich möchte, dass die Buchen ihre Unschuld bewahren. Ich will, dass sie wachsen, ohne wahrzunehmen, was sich zu ihren Füßen tut. In diesem Land gibt es überall Bäume, an denen Menschen aufgeknüpft wurden, aber die Bäume tragen keine Schuld daran. Manchmal frage ich mich jedoch besorgt, was sie erinnern.

Die abschließenden Verse des Gedichts »Die Zypresse fiel« von Mahmud Darwisch lauten:

Und ein Mädchen sagte: Heute ist der Himmel
unvollständig, weil die Zypresse fiel.
Und ein junger Mann sagte: Heute ist der
Himmel vollständig,
gerade weil die Zypresse fiel. Und ich sagte
zu mir selbst: Weder Rätselhaftigkeit noch
Klarheit,
die Zypresse fiel, mehr lässt sich
dazu nicht sagen: Die Zypresse fiel!

Vielleicht besteht das Geschenk der Bäume genau darin: »Weder Rätselhaftigkeit noch Klarheit« und »mehr lässt sich dazu nicht sagen: Die Zypresse fiel«. Bäume sind schlichte Tatsachen, das liebe ich an ihnen. Die Geschichten über Bäume gehören uns, und doch hat jeder Baum eine Geschichte, die wir nie erfahren werden. So gesehen sind Bäume das Gegenteil des Menschen. Vielleicht üben sie deshalb einen solchen Reiz auf uns aus.

Der Zucker-Ahorn

Einmal wechselte ich wegen eines Baums den Wohnort. Als wir nach Kentucky zogen, bewohnten wir zunächst das Gebäude einer ehemaligen Tabakwaage, ein bizarrer Ort mit einem aus Backstein gemauerten Tresorraum, der als Schlafzimmer diente. Er hatte noch eine Stahltür, und mir graute davor, sie nachts zu schließen, ich hätte das Gefühl gehabt, in einem Tresor eingesperrt zu sein. Andererseits war es ein schönes Gebäude mit Dielenböden und veralteten, aber weitgehend funktionstüchtigen Haushaltsgeräten.

Der größte Vorzug war die schöne Umgebung. Zwar stand das Haus an einer vielbefahrenen, nicht ganz ungefährlichen Ecke der Todds Road am Rand Lexingtons, aber das Grundstück selbst war ruhig. Im Garten vor dem Haus, den wir bis auf gelegentliche Besuche von Nachbarn, die auf einen Bourbon oder einen Plausch am offenen Feuer vorbeikamen, für uns hatten, stand der schönste Zucker-Ahorn, den ich je gesehen habe. In einem meiner Gedichtbände finden sich drei oder mehr Gedichte über diesen Baum.

Im Frühling und Sommer war er grün und obendrein schwer von Flügelnussfrüchten, im Herbst verfärbte sich das Laub rot, orange und gelb, so leuchtend, dass ich den Tick hatte, ihn mehrmals täglich zu fotografieren, weil die Farben, die die Blätter sättigten, im wechselnden Licht immer wieder einzigartig aussahen. Wir kauften einen Picknicktisch, den wir unter diesen Baum stellten. Eines Spätsommertags schmirgelte ich den Tisch ab und lackierte ihn neu, und wir saßen den ganzen Herbst unter dem Ahorn.

Die Grundstückseigentümer hatten uns gewarnt, der Baum sterbe ab. Nach einem Blitzeinschlag ging er allmählich ein, und ein Einheimischer, der oben in der Straße eine Baumschule betrieb, unkte, der nächste heftige Sturm könnte ihn entwurzeln. Er würde dann entweder auf das Haus oder auf die Straße kippen, und beides wäre gefährlich. Wohin der Baum auch fallen mag. Ist das eine Redensart?

Trotzdem hoffte ich, er würde so lange durchhalten, wie wir das Haus bewohnten. Im vierten Jahr, wir kehrten aus Kalifornien zurück, war er bis auf einen Stumpf verschwunden, es war ein schlimmerer Anblick als der des *Freigebigen Baums*, eine große, traurige Wunde ragte im dürren Gras auf. Als Ersatz hatte man einen jungen Baum gepflanzt. Diese Maßnahme war verantwortungsbewusst, klug, wohlberaten. Trotzdem fühlte sie sich falsch an. Das Haus schien sich komplett verändert zu haben. Ich konnte nicht mehr in meinem Büro arbeiten, es war zu hell. Das Badezimmerfenster war entblößt, und am schlimmsten war, dass ich nicht mehr draußen am Picknicktisch sitzen, beim Anblick des Stumpfes nicht mehr schreiben mochte. Ich fand es brutal. Der Baum war schlagartig weg. Ich versuchte, meinen Schmerz zu lindern, indem ich den frischen Setzling bewässerte und mir ausmalte, wie er als ausgewachsener Baum aussehen würde. Trotzdem vermisste ich meinen Baum. Meinen eigentlichen Baum. Seinen Schatten, die mannigfaltig leuchtenden Farben seines Laubs, seine, in Ermangelung eines besseren Wortes, Persönlichkeit.

Ich ging in das Büro meines Mannes und sagte, wir müssten umziehen. Der Baum sei weg. Und mit ihm das Haus. So empfand ich es. Wie tief man sich Bäumen verbunden fühlt. Wie sie uns eine Landschaft schenken, wie sie die Landschaft prägen.

Im Vorgarten des Hauses, das wir kauften, unser erstes eigenes Haus, steht ein riesiger Silber-Ahorn. Ich sehe ihn von meinem Büro aus. Eichhörnchen haben ihr Nest darin gebaut, und bei Wind scheint er nicht zu tanzen, sondern ein Ort unzähliger Bewegungen zu sein, die alle gleichzeitig ablaufen. Er strotzt vor Lebendigkeit und Energie, und in solchen Augenblicken frage ich mich besorgt, ob ich den Baum nicht zu sehr liebe. Es beunruhigt mich immer, wie sehr ich liebe.

Eukalyptus-Hain

Von meinem fünfzehnten bis zu meinem zwanzigsten Lebensjahr war ich mit einem Jungen zusammen, mit dem ich mich gern unter Bäumen aufhielt. In einer Szene des langen Dramas unserer Teenagerliebe ging es ihm schlecht. Wir hielten vor dem Broadway Market, um Schokoriegel, Limonade und anderes zu kaufen, was uns aufheitern konnte. Süße in einer Welt, die, wie uns allmählich aufging, hart und grausam war. Wir fuhren zu einem Eukalyptus-Hain in der Eight Street am Stadtrand. Ein heißer kalifornischer Tag gegen Ende des Schuljahrs, wenige Monate, bevor er mit seiner Familie im Schlepptau des Vaters, ein Angehöriger der U.S. Air Force, nach Deutschland gehen würde. Alles fühlte sich dürr und brüchig und durch und durch schmerzhaft an. In einer solchen Hitze alterte man. Die Haut trocknete auf den Knochen wie Wäsche, die zu lange auf der Leine gehangen hatte.

Mitten zwischen den hohen Bäumen, im wohltuenden Schatten, bekamen wir wieder Luft. Wir kletterten auf das Dach des Ford LTD, Baujahr 1973, den er dem in Ruhestand gegangenen School District Superintendent für siebenhundert Dollar abgekauft hatte, schälten unsere süßen Köstlichkeiten aus den Verpackungen und sahen zu, wie der Wind die Wipfel der Eukalyptusbäume hin und her warf und uns das heilsame Laub um die Ohren blies, betrachteten die Baumrinde, weiß wie ein unbeschriebenes Blatt Papier.

Genauso fühlte es sich an. Heilsam. Und dass das so war, das wusste ich schon mit fünfzehn. Damals kamen wir selten zur Ruhe, Manien, Chaos und brodelnde Sexualität hielten uns sechs Jahre auf Trab, bis wir uns einige Monate vor meinem einundzwanzigsten Geburtstag trennten. An dem Tag jedoch waren wir still. Schwer zu sagen wie lange, vielleicht nur wenige Minuten, bis einer von uns zu reden oder zu singen oder in der stickigen Hitze zu hampeln begann, und trotzdem kam es mir ewig lange vor. Ich fand, es war die längste und erfüllteste Stille unseres Lebens. Die Bäume umfingen uns, und wir schwankten vor und zurück und hatten vorübergehend das Gefühl, alles wäre gut.

Er würde bald nach Wixhausen, Deutschland, ziehen. Dann würde ich folgen. Dann würde ich allein heimkehren. Danach würden wir auf unterschiedliche Colleges gehen, fünf Stunden voneinander entfernt, und trotz allem versuchen, irgendwie zusammenzubleiben. Wären bei Regen in unseren Schrottkisten auf dem Interstate 5 unterwegs. Würden in der Bibliothek auf Uni-Computern unsere E-Mail-Accounts öffnen. Die Briefe, die Telefonate, wir scheiterten am Ende trotz aller Kommunikationsmöglichkeiten. Oder es lag an unserer Jugend. Vielleicht ließ unsere Jugend uns frei.

Der Eukalyptusbaum kam in den fünfziger Jahren des neunzehnten Jahrhunderts aus Australien nach Kalifornien. Er galt als brauchbares Nutzholz – rasch wachsend, rasch verwertbar – und wurde im ganzen Staat angepflanzt. Das Holz erwies sich jedoch als zu hart, verzog sich obendrein, während es trocknete. Es war bekannt, dass die Blätter bei Erkältungen halfen und Schmerzen linderten, nur hat der Baum eine weitere Eigenschaft, die im trockenen (und jährlich trockeneren) Klima Kaliforniens eine Gefahr darstellt: Fängt ein Eukalyptus Feuer, dann brennt er nicht bloß, er explodiert.

Deshalb werden die Bäume jetzt überall gefällt.

Gut möglich, dass sie verschwunden sind, wenn ich das nächste Mal heimkomme. Meine erste Liebe ist inzwischen verheiratet und hat Familie; er lebt in Kanada, wo es zweifellos viele gute Bäume gibt. Hoffentlich klettert er trotz allem noch auf sein Autodach, um ihnen näher zu sein. Hoffentlich glaubt er, die Eukalyptusbäume würden noch stehen.

Der Zürgelbaum

Ich gebe mir stets große Mühe, eine neue Landschaft zu erfassen, als könnten exakte Benennungen eine Art Sicherheit schenken. Im Garten hinter unserem Haus in Kentucky stehen Maulbeerbäume, Zürgelbäume, Mimosen, Apfelbäume und ein Pflaumenbaum, der pompös, ja obszön viele Früchte trägt, zu viel des Guten, wenn man bedenkt, wie viele Menschen leiden müssen.

Nicht jeder interessiert sich dafür, Bäume zu bestimmen. Ein enger Freund weiß alles über Lyrik und unsere gemeinsamen Reisen. Er erinnert die Namen von Leuten, die wir unterwegs kennengelernt haben, die Titel von Büchern, die wir spätabends nach Lesungen gelesen haben, die Namen von Bars und Restaurants, was ich bestellt habe, wo wir übernachtet haben, die klugen Worte unseres Freundes Adam. Doch er vergisst stets, wodurch sich Birke und Buche voneinander unterscheiden.

Vor zwei Tagen war er mit seinen beiden Kindern zu Besuch. Er ist seit genau einem Jahr Witwer. Wir saßen auf unserer großen, geschützten Veranda und redeten stundenlang, während seine Kinder im aufblasbaren Pool spielten und die Vögel begeistert bis manisch am Futterspender pickten. Die Rede kam immer wieder darauf, wie absurd es doch sei, dass wir noch lebten, seine Frau aber nicht.

Wir redeten bestimmt zwölf Stunden ununterbrochen. Mein Mann spielte unterdessen Fangen mit den Kindern und tollte auf dem Rasen herum, ich kochte Ropa Vieja und trank mit meinem Freund große Gläser herben spanischen Rotweins. Früher hatte er nie Wein getrunken. Er wurde mehrmals von Erinnerungen eingeholt und weinte immer wieder. Es war der Geburtstag seiner Frau. Wir aßen Schokoladenkuchen und Eiscreme. Seine Kinder, sechs und neun, futterten mit Begeisterung, aber wir sangen nicht. Singen war unmöglich.

Bald darauf fuhren sie zu jener Stelle an der Küste, wo sie zuletzt mit ihr zusammen gewesen waren. Während einer Gesprächspause fragte er: »Wie heißt der Baum noch gleich? Der, von dem du oft erzählst?« Ich wusste, welchen Baum er meinte. Der

Name klingt ungewöhnlich. Er ist Lyriker, der Klang von Worten ist ihm wichtig. »Zürgelbaum«, antwortete ich, und er nickte und sagte: »Zürgelbaum – Mann, das vergesse ich immer wieder.« Das Gehirn kann nicht alles speichern. Unsere Gehirne sind so müde.

Später schickte er mir ein Foto des Strands, wo er an dem Tag gesessen hatte, als ihn die Nachricht ihres Todes erreichte. Der Mond, erzählte er, sei in der gleichen Phase gewesen wie damals, als er den Anruf erhalten hatte. Wir erinnern nur das Notwendigste. Zürgelbaum, Zürgelbaum. Wir mögen den Namen, weil er wie etwas klingt, das entzweigerissen wurde und trotzdem weiter gedeiht. Zürgelbaum. Ich werde den Namen stellvertretend für ihn erinnern.

Amerikanische Schwarz-Pappel

Vor langer Zeit zog ich im Spätsommer – genauer im frühen Herbst – in Mexiko mit einem älteren Schriftsteller zusammen, den ich in meiner Heimatstadt bei einer Lyrik-Lesung kennengelernt hatte. Er hatte mich umgehend aufgefordert, gemeinsam mit ihm im Rundfunk zu lesen. Danach hatte er mich eingeladen, bei ihm zu wohnen. Nicht ungewöhnlich für Lyriker und Lyrikerinnen. Damals war ich fünfundzwanzig, er neunundvierzig.

Er bewohnte ein unscheinbares Haus in Albuquerque, fußläufig vom Rio Grande entfernt. Ich ging täglich am Fluss spazieren, teils stundenlang, und dachte darüber nach, wie mein zukünftiges Leben aussehen würde. Ein Fluss scheint bei solchen Grübeleien hilfreich zu sein. Man kann ihm jede Frage stellen. Er antwortet mit einer Kornweihe. Er antwortet mit einem Rennkuckuck. Im Wald, dort

Bosque genannt, kam ich an gewaltigen, atemberaubend schönen Bäumen vorbei. Später fand ich heraus, dass es amerikanische Schwarz-Pappeln waren. Getrenntgeschlechtig, es gibt weibliche und männliche Bäume. Ich kam mir vor wie ein weiblicher Baum, der mit einem sehr männlichen Baum zusammenlebte. Einem viel zu männlichen Baum.

Dieser Mann hatte jahrelang im Gefängnis gesessen und strahlte etwas latent Gewalttätiges aus. Es sei allerdings klargestellt, dass er mir gegenüber nie gewalttätig wurde; er hatte Gewalt erfahren, und er hatte Gewalt ausgeübt, nur war diese jetzt ein kalter, klarer Fluss unter seinen Füßen. Er hatte sich gewandelt, war absolut ernsthaft. Er schrieb täglich wie besessen in seinem Büro neben der kleinen Küche, er nahm sein Land ernst, sein morgendlicher Trommelkreis, bei dem weitere Einheimische mitmachten, war eine ernsthafte, ja intime Angelegenheit. Er nahm sein Laufen ernst. Diese Ernsthaftigkeit gefiel mir. Eine solche Hingabe hatte auch ich nötig. Ich wollte ernsthaft werden, wollte in Zaubersprüchen zu meinen Ahnen sprechen. In dem Gefühl auf der Erde knien, ein Teil davon zu sein.

Ich liebte es, mich in seiner Gegenwart dunkelhäutiger zu fühlen, als ich tatsächlich war. Auf den Spaziergängen am Fluss wurden meine weißen Ränder gebräunt, und alles duftete nach gerösteten grünen Chilis. In fast jedem lokalen Burger-Imbiss gab es Cheeseburger mit grünem Chili, und ich probierte alle. Ringsumher war jeder braunhäutig und sprach Spanisch oder eine indigene Sprache, und obgleich ich keine Einheimische war, fühlte ich mich zugehörig. Wir alle stammten von dort, denn wir stammten alle aus Aztlán, der sowohl mythischen als auch nicht so mythischen Urheimat der Azteken und anderer indigener Völker Mexikos, etwa des Stamms meines Großvaters, den Purépecha.

Denkt man an New Mexico, dann hat man rötliche Erde und Steppenroller vor Augen, Georgia O'Keefes wuchtige weiße Schädel vor dem Hintergrund roter Hügel und eines eindringlich grauen Wüstenhimmels. Der Bosque hingegen, wie ein Atemhauch über den Fluss ziehend, ist grün, schattig und voll üppigen Salbeis. Die Schwarz-Pappeln gehören dort zu den größten Bäumen, nur altern sie, und man pflanzt keine nach. Ihre Samen und Sämlinge gedeihen nur in Überflutungszonen Wegen der neu errichteten Deiche und Dämme tritt der Fluss aber nicht mehr über die Ufer. Schon damals, vor nahezu zwanzig Jahren, glich ein Gang unter den Schwarz-Pappeln des Bosque einem Besuch bei Greisen.

Für die Apachen, denen mein Freund angehörte, symbolisiert die Schwarz-Pappel die Sonne, für einige nordmexikanische Stämme das Leben nach dem Tod. In einer Sage der Arpaho klettert ein kleines Mädchen auf einer Schwarz-Pappel bis in den Himmel. In Aztlán fühlte sich alles heilig an.

Am Tag des Abbrennens des Zozobra, ich war in Santa Fe auf einer überlaufenen Privatparty, ging mir auf, dass ich den Mann, mit dem ich zusammenlebte, verlassen wollte. Zozobra, die fünfzehn Meter hohe Puppe, brannte in der Ferne. Alle Partygäste sahen zu. Dieser Brauch dient dazu, alles zu tilgen, was einen bedrückt, doch ich fühlte mich trotzdem bedrückt. In der Küche des Hauses, wo die Frauen den ganzen Tag in riesigen Töpfen grüne Pozole und rote Pozole gekocht hatten, saß ich auf einer kleinen weißen Bank und leerte eine Schale Pozole nach der anderen. Ich verspürte den Drang, mich vollzustopfen, bis zum Erbrechen vollzustopfen.

Ich blickte aus dem Fenster auf die Schwarz-Pappeln und Pinyon-Kiefern, auf die brennende Puppe. Ich liebte New Mexico, mein Aztlán, wollte aber nicht mit dem Mann zusammen sein. Ich wollte bei diesen Frauen sein, geborgen in den dampfigen Dünsten des Maismehls, des gekochten Schweinefleischs, der Chilis; ein zum Schneiden dicker Dunst. Ich wollte nicht nach draußen, wo die Männer das verzehrende Feuer beobachteten. Ich wollte bei den Frauen bleiben und die Bäume in der Dunkelheit betrachten.

Unter dem Strich konnten der Mann und ich uns nur auf die Güte des Flusses und die himmelhohen Schwarz-Pappeln einigen. Wir glichen zwei vollkommen separaten Bäumen. Wir stimmten auch darin überein, ein Mädchen könne auf einem Baum bis in den Himmel klettern. Aber das war alles. »Ich wünschte, alle Menschen wären Bäume«, sagte O'Keefe einmal. »Dann hätte ich vermutlich meine Freude an ihnen.«

Mondbäume

Manche Bäume sind bis zum Mond und zurück gereist. Unfassbar, oder? Man kombinierte eine der verrücktesten Erfindungen der Menschheit und eine der kostbarsten Schöpfungen der Natur, indem man Bäume zum Mond schickte. Über zweitausend Samen fünf unterschiedlicher Baumarten wurden am 31. Januar 1971 von dem Astronauten Stuart Roosa in einem kleinen Behälter, der in einem Segeltuchbeutel steckte, auf die Apollo-14-Mission mitgenommen. Dies war Teil eines Gemeinschaftsprojekts der NASA und des United States Forest Service, mit dem man die Auswirkungen anhaltender Schwerelosigkeit auf das Keimen von Samen und das Wachstum von Sämlingen erforschen wollte. Während Shephard und Mitchell die Mondoberfläche erkundeten, kreiste Roosa (ein ehemaliger Smokejumper des Forest Service) im Kommandomodul mit den Samen in einer Umlaufbahn.

Nachdem die Landekapsel zur Erde zurückgekehrt war, wurden die Samen auf Forschungseinrichtungen verteilt, um Keimen und Gedeihen sicherzustellen. Amberbaum, Weihrauch-Kiefer und Amerikanische Platane gingen an den Forest Service in Gulfport, Mississippi, Küstenmammutbaum und Douglasie an den Forest Service in Placerville, Kalifornien. Viele wurden direkt neben den Kontrollsamen eingepflanzt, die auf der Erde geblieben waren, im Erdboden waren sie wieder vereint. Offenbar gab es keine erkennbaren Unterschiede zwischen den Bäumen, die zum Mond geflogen waren, und jenen, die man auf der Erde zurückgelassen hatte. Erstere nennt man Mondbäume. Ich habe keinen mit eigenen Augen gesehen, obwohl sie überall im Land gepflanzt wurden – ja sogar überall auf der Welt, von Brasilien über Japan bis zur Schweiz. Ich würde liebend gern einen Mondbaum sehen. Andererseits ist die Vorstellung, dass sie die Reise gut überstanden haben und sich von herkömmlichen Bäumen nicht unterscheiden, faszinierend genug.

Hebt sich ein Baum durch eine Plakette von anderen Bäumen ab? Welche Bedeutung hat die Benennung? Manchmal scheint es ebenso bedeutsam zu sein, mitten im Wald zu stehen, ohne zu wissen, wie der Name des Ökosystems lautet. Ohne sich jede Pflanze und jedes Tier einzeln einzuprägen oder in der Kladde zu notieren, sondern sich schlicht daran zu erfreuen. Ohne alles zu etikettieren. Einfach nur zu empfinden, zu spüren, dass man ein lebendiges Wesen unter lebendigen Wesen ist.

Welchen Namen soll man dem Baum auch geben? Den englischen? Den spanischen? Beide verdanken sich Kolonialmächten. Den lateinischen Namen? Den Namen in der Sprache des jeweiligen indigenen Stammes? Wie möchte der Baum genannt werden? Wir benennen etwas, weil wir so einen Bezug zum Benannten herstellen könnten, für uns eine essentielle Sache, aber ein Bezug kann auch jenseits der Sprache entstehen, jenseits des Namens, dessen wissenschaftlicher Geschichte oder seines Zwecks.

Und die Freude? Liebe Bäume auf der ganzen Welt, wir wollen in Freude vereint sein. In einem Song der Be Good Tanyas, den ich während meiner Jahre in Brooklyn ständig hörte, heißt es: »You got roots that cannot be torn from under, won't you shake it like you've never done before.« Genau das wünsche ich mir. Ich möchte mich austoben. Gemeinsam mit den Bäumen erbeben. Ich will sie nicht besitzen, will ihnen weder ein Band noch eine Plakette anheften. Es ist mir gleich, ob der Baum, den ich gerade betrachte, bis zum Mond gereist ist.

Ist Freude ein Bestandteil des Denkens? Oder ist Freude ein Bestandteil des Nichtdenkens? Was in uns ist froh, kommt zur Ruhe, wenn wir das Denken einstellen? Gelingt uns dies, dann bewegt sich der Baum, dann bewegen wir uns selbst, dann scheint eine Klarheit, eine zunehmende Offenheit, eine Verkürzung des Abstands zwischen uns und der Welt einzutreten.

Ich hatte einen Freund in Uruguay, der beim Kiffen zu sagen pflegte, er »rauche Bäume«. Wenn er erklärte, Bäume rauchen zu wollen, gingen wir stets auf die hintere Veranda einer Freiluftbar, rauchten Bäume im Schatten des Bambus und betrachteten den Himmel über den Gebäuden. Vielleicht wäre es besser, Bäume nicht zu bestimmen, sondern zu rauchen oder zu inhalieren, was auch immer diese Metaphern bedeuten mögen, vielleicht sollten wir uns von den Bäumen verändern und verwandeln lassen.

Der Wald

Ich habe drei komplette, aber misslungene Romane geschrieben. Der erste trägt den Titel *People from Here* und handelt in erster Linie von einer Frau, die ihr Leben gegen die Wand gefahren hat und Heilung findet, indem sie in ihre Heimat zurückkehrt und Bäume betrachtet. Sie vertieft sich oft und lange in die Landschaft ihres heimatlichen Tals. Einer Freundin gegenüber beschrieb ich dieses Werk als den typisch unbeholfenen Debütroman einer Lyrikerin, der von einer Frau handelt, die auf einem Feld steht und sich an all die Momente erinnert, als sie auf dem Feld stand. Im Text tauchen sowohl Küstenmammutbäume als auch Manzanitas und alle anderen Bäume meiner Jugend auf. Dummerweise sind die Bäume das Beste daran.

Mein zweiter Roman heißt *The Woods*. Der Titel klingt, als hätte ich ihn just erfunden. Aber so ist es. Im Mittelpunkt dieses für junge Erwachsene gedachten Romans steht eine junge Frau, deren Mutter an Krebs verstorben ist. Am Vorabend der Beerdigung findet sie heraus, dass der Wald hinter ihrem Haus verzaubert ist. Lebendig auf menschliche Art, nicht so sehr auf die Art von Bäumen. Meine Lieblingspassage ist jene, die von der Entdeckung eines Baumhauses in den Wipfeln der Mammutbäume erzählt, groß wie eine Aula. Die Bäume können einen von Ort zu Ort tragen. Man kann per Baum reisen. Ich wünschte mir, dies möge Realität sein. Von einem Ast zum nächsten getragen zu werden, eingehüllt von dem zarten Atem, der kalten, klaren, sauerstoffreichen Luft der Bäume.

Der dritte Roman wiederum trägt den Titel *Drama, Drama, Drama*, obgleich es darin nicht sehr dramatisch zugeht, er könnte ebenso gut *Trees, Trees, Trees* heißen. Dieser Roman handelt von einer Frau, die an ihre Alma Mater zurückkehrt, um Schauspiel zu unterrichten. Sie hat einen kleinen Hund. Sie wandert oft um den Green Lake in Seattle, und während sie Bäume betrachtet, denkt sie darüber nach, welche Richtung ihr Leben als Nächstes nehmen wird. Am Ende des Romans steht die Protagonistin am See und nimmt wahr, dass sich dieser durch das Laub sowohl gestört als auch nicht gestört fühlt.

Ich bin froh, diese Romane geschrieben zu haben. In gewisser Weise sind sie also nicht misslungen, ich habe schlicht viel Zeit damit verbracht, die Welt auf eine schräge Art zu betrachten. Zugleich bin ich froh, dass sie nie veröffentlicht wurden. Ich hatte Freude daran, zu schreiben und unterdessen aus dem Fenster zu schauen. Wussten Sie, dass zweiundsechzig Bücher eines ganzen Baums bedürfen? Schon merkwürdig, über Bäume zu schreiben, und sie anschließend zu fällen, um das Geschriebene mit anderen teilen zu können. Wieder ist alles durch Bäume miteinander verknüpft.

Am Ende fast jeder Geschichte sage ich: »Der Teil mit den Bäumen hat mir am besten gefallen.« Kürzlich war ich im italienischen Tivoli, und während einer Besichtigung der Hadriansvilla – ein zweihundert Hektar großes Anwesen des römischen Kaisers aus dem Jahr 120 v. Chr. – konnte ich mich an den Olivenbäumen nicht sattsehen. Einer hatte ein geschätztes Alter von siebenhundert bis achthundert Jahren. Der älteste Olivenbaum ist angeblich tausendfünfhundert Jahre alt. Die Ruinen wurden von der UNESCO ins Welterbe aufgenommen, aber ich konnte nur an die Bäume und deren Geschichte denken. In den Vatikanischen Museen zu Rom sprach mich die Fontana della Pigna am stärksten an, ein Brunnen aus dem ersten vorchristlichen Jahrhundert mit der Bronzeplastik eines Kiefernzapfens, mindestens doppelt so groß wie ich selbst.

Genau das lieben wir an Bäumen, sie verzwergen uns, sie bringen uns aus dem Gleichgewicht, stoßen uns vom albernen Sockel menschlicher Überlegenheit. Bäume türmen sich über uns auf. »Ich ging im Wald spazieren und verließ ihn größer als die Bäume«, schreibt Henry David Thoreau, aber das Beste an diesem Zitat besteht darin, dass ... dem nicht so war. Er verließ den Wald nicht größer als die Bäume. Vielleicht wollte er damit zum Ausdruck bringen: »Ich ging im Wald spazieren und verließ ihn kleiner als zuvor.«

In den achtziger Jahren des zwanzigsten Jahrhunderts schwappte der Begriff *shinrin-yoku* aus Japan zu uns herüber, aber was man darunter versteht, war an sich nichts Neues. Waldbaden bedeutet schlicht, in einen Wald zu gehen, um geheilt zu werden. Und genau das sollten wir tun. Solange es noch Wälder gibt, sollten wir sie durchstreifen.

Will man in einem Wald baden, dann begibt man sich mitten zwischen die Bäume und öffnet alle Sinne. Das ist alles. Mehr muss man nicht tun. Man atmet die Phytonzide ein, ein Begriff der sinngemäß bedeutet: »Von der Pflanze abgetötet«. Es handelt sich gewissermaßen um pflanzeneigene Antibiotika. Ich mag die Formulierung »von der Pflanze abgetötet« aber. Am liebsten würde ich mein menschliches Selbst im Wald von den Pflanzen abtöten lassen.

Eigentlich möchte ich nur über das Wunder der Bäume staunen, die technischen Geräte vergessen, an die ich gebunden bin, und in den Wald gehen, um wieder klein und voller Ehrfurcht zu sein wie der Kiefernzapfen am Fuß des Baumstamms, ich möchte zu den Ästen aufblicken wie damals auf der Reifenschaukel, bis die Bäume meinen Kopf schwirren lassen. Vielleicht kann ich nicht alles in Erinnerung behalten, vielleicht kann ich nicht alles bewahren, aber ich kann einen Brief an und für die Bäume schreiben. Ich kann die Bäume preisen, Ast für Ast.